諷詩調詩集 · 438

도치통사초 · 8

박진환 제484시집

지성감성의 메타언어
조선문학사시인선.929

諷詩調詩集 · 438

도치통사초(刀治痛史抄) · 8

조선문학사

■ 책머리에

여러 궁리 끝에 시집 제목을 『도치통사초(刀治痛史抄)』로 정했다. 도치(刀治)는 칼로 다스린다 함이니 검찰공화국의 통치쯤이 된다.

정치의 상치(上治)는 도치(道治)나 덕치(德治)쯤이 되고, 하치는 도치나 부치(斧治)와 같은 권력으로 다스리는 겻쯤이 된다.

지금 우리는 목하 도치나 부치시대 통치의 다스림 속에서 살아가고 있다. 일종의 힘에 의해 다스림을 수용해야 하는 피지배하쯤이 된다.

소이로 해서 통치라고 하는 시대의 삶을 살아야 하고 그러한 지배하의 삶의 비통한 아픈 현실을 통사(痛史)라고 해둔다.

이를 한마디로 뭉뚱그리면 칼로 다스림을 당하는 아픈 역사의 삶을 '도치통사'라 할 수 있고, 이중 소용될 만한 것을 골라 시로써 읊은 것이니 '도치통사'에 초(抄)를 곁들인 것쯤이 된다.

풍시즈는 순수한 통징을 시의 생명으로 하는 악에 대한 고발로서 악의 개선을 통해 선에 이바지하려는 복수의 시쯤이 된다. 일종의 문화적 징벌이자 예술적 엄징으로서 악에 가하는 문화적 통징인 셈이다.

  소이로 해서 겉으로는 강한 공격성을 드러내고 있으나 안으로는 선을 일으켜 세우려는 따뜻한 애정에서 시를 출발시킨 것이 된다.

  이번 풍시조시집 『도치통사초』는 490번째 시집이 된다. 앞으로 10권만 더 추가하면 내 시의 마스터플랜인 500권의 시집을 완간하게 된다.

  개선(改善)의 의도가 시 정신인 풍시조 『도치통사초』가 사회적으로 유용한 것이 되어 악을 일깨우고 선을 일으켜 세우는 데 보탬이 됐으면 싶다.

2024년 초추
저자 씀

박진환 제484시집 / 諷詩調詩集 · 438

도치통사초 · 8

차례

책머리에 / 5

2024년 6월 16일
소리하지 않음이다 / 13
불안증이었던 것을 / 14
이러한 것을 / 15
만사귀찮 / 16
뺨쳐서 / 17
선경(仙境)될 것을 / 18
백일곡인 것을 / 19
왕왕(王王) 킹킹(king king) 같아서 / 20
영물 / 21
방증일 듯싶어서 / 22
이리 달라서 / 23
폭군폭군으로 / 24
시작이 된다 / 25
지녔음이다 / 26
본성이 그러함이다 / 27

2024년 6월 17일
맘에 안 들어 / 28
많은 쪽 선택이 필수 / 29
가(可)? 불가(不可)? / 30
그게 정치여서 / 31
내일을 위함이어서 / 32
두통 일으켜서 / 33
그러할 듯 / 34
공 세웠어 / 35
안 외치겠나 / 36
??? / 37
울림 안 될지? / 38
외치기도 / 39

2024년 6월 18일
고양이는 아니지 / 40
암흑의 파도여서 / 41
가을 수준이어서 / 42
해냄 같아서 / 43
하늘보다 높고자 해서 / 44
엊그제 같은데 / 45
허니 답 하겠나 / 46
자랑 끝에 불붙어서 / 47
답이어서 / 48

단우마절반이어서 / 49
무슨 걱정 / 50
공 이룰 수 있던가 / 51

2024년 6월 19일
할 수 있어서 / 52
어그러진 모순 아니던가 / 53
무슨 수로 막아 / 54
이기기밖에 안 들어 있어서 / 55
칼 세가 지배해서 / 56
악마가 만찬에 온다데 / 57
아첨국 같아서 / 58
지양해야 / 59
부챗살도 펼쳐졌다 / 60
언어미가 아닐까 / 61
그것도 양극화(兩極化)의 / 62
발견이다 / 63

2024년 6월 20일
그 본질은 같아서 / 64
다른 손에 쥐어져 있어서 / 65
따로따로여서 / 66
체면 구겨서 / 67
안으로 굽어서 / 68

악순환 / 69
아닐 듯 / 70
금물일 듯 / 71
iPien tao여서 / 72
정권 내려놔라 같아서 / 73
노는 것이 되레 고통이 돼서 / 74
공동묘지 안 될지? / 75

2024년 6월 21일
비상사태여서 / 76
내놓다니 / 77
싸움판이나 더 안 키울지? / 78
지옥 속의 코리아촌 / 79
구화투신 못 면할 듯싶어서 / 80
사위(死圍)같아서 / 81
하물며 정치에서는 / 82
돌아설 기미 없고 / 83
그래서 / 84
그러할 듯도 / 85
힘이 없어서 그런 것을 / 86
동맹도 하고 / 87

2024년 6월 22일
썩은 이데올로기 병이어서 / 88

이념(理念) / 89
자초할 수도 / 90
겁풍(劫風)될 수도 있을 듯싶어서 / 91
따로 차서 / 92
덕으로만 풀고자 해서 / 93
경제이론으로는? / 94
이거지 / 95
피투된 시대에는 / 96
경제로 척도 돼서 / 97
양반만 못난이 못 면해 / 98
아닐듯싶어서 / 99

2024년 6월 23일
큰소리만 앞세워서 / 100
군자는 말이 없다던데 / 101
소리 아닌 말슴이었어 / 102
남북의 소리 같아서 / 103
남북의 힘자랑이 그러한 듯싶어서 / 104
좋아해서 / 105
정의였던 것을 / 106
붕괴였던 것을 / 107
답 들어있어 / 108
고전이여 / 109
암시도 답이 돼 / 110

입술을 내미는 것과 같은 / 111
감각적 말초신경 충족시대여서 / 112

■ **시집 평설을 대신해서_諷詩調에 대한 사계의 견해**
三行詩의 안팎_문덕수 / 113
知的調律에 의한 시 意味의 密度와 結晶度_성찬경 / 122
諷詩調의 깃발과 風向_김용직 / 128
박진환의 3행 '諷詩調'에 대하여_최원규 / 131
풍시조 읽기_문효치 / 136
諷詩調에 나타난 형이상시법의 수사법_최규철 / 140

2024년 6월 16일

소리하지 않음이다

대범물부득기평칙명이라 했던가, 평정함을 잃었음을 이른 사물에 비하면 공평하고 정직한 평정(平正)이요, 인간에 대입하면 조용하여 마음의 동요가 없는 평정(平靜)이 된다, 둘 다 소리하지 않음이다

※ 대범물부득기평칙명(大凡物不得其平則鳴) : 대체로 물건은 평정함을 얻지 못하면 소리를 내어 운다는 한퇴지의 말

불안증이었던 것을

자리가 불안하지 않으면 흔들릴 이유가 없고, 흔들리지 않으면
소리를 낸 이유도 없지, 이치대로면 소리란 게 불안정 때문
정치판 봐, 소리도 그중 큰소리, 불안정이 내지른 불안증이었던 것을

이러한 것을

말씀으로 들려와도 믿을까 말까 한 달을, 말 대신 소리로
내지르고 있으니 어찌 설득인들 하겠는가, 정치인들
쏟아내는 소리가 말씀 아닌 소리인 소이가 이러한 것을

만사귀찮

며칠째 치통앓이를 했더니 정신집중이 되지 않는다, 얼굴 반쪽이
욱신욱신, 정치판은 여야가 욱시글욱시글 나라꼴은
욱복(郁馥)이 욱분욱분(郁氛郁氛), 날씨는 욱실욱실 만사귀찮

※ 욱실(燠室) : 매우 더운 방.

빤쳐서

치통 열기 화끈화끈인데 연옥 날씨는 찜통더위
겹치기 재앙이면 찡그려지느니 오만상
오만상뿐이겠나, 마음은 오만 갈래 오만상 빤쳐서

선경(仙境)될 것을

짜증 더위에, 모과나무 심술에, 꼬이기만 하는 정국에
영일인들 바라겠나, 한때의 한가, 그늘 벗해 더위 식히고
심술 여과시키고 짜증 멀리하면 삼무경이 곧 선경될 것을

백일몽인 것을

선경이란 지 낙원 아니겠나, 일종의 이상향, 지상에는 없는
없으니 그리고 동경하는 현실 밖의 세계지향, 실현불가
탓하지 마시게나, 통치의 연옥 면코자 하는 백일몽인 것을

왕왕(王王) 킹킹(king king) 같아서

만사개여몽이면 헛되기는 하나 꿈으로나마 꾸어본 셈
만사개여몽 뜻풀이 달리해 개여몽 유식하게 견여몽으로 바꾸면
개꿈, 그래, 정치가들의 최대의 꿈이 왕왕 킹킹 같아서

※ 만사개여몽(萬事皆如夢) : 이 세상 모든 일이 꿈같다는 말.

영물

그늘의 계절, 독립공원 느티나무 그늘에서 잠들면 무슨 꿈을 꿀까
필시 뻐꾸기가 피를 토하며 우는 소리를 듣고 잠을 낄 것이다
어째서냐고? 뻐꾹뻐꾹이 꿈에 폭군폭군으로 들려 영물 같아서

방증일 듯싶어서

영물(靈物)이란 게 신성한 물건이나 짐승 아니던가, 뻐꾸기는 날짐승, 한낱 날짐승인 뻐꾸기가 폭군폭군 피를 토하며 외쳐댔다면 통치권의 하치를 짐승들도 알고 있다는 방증일 듯싶어서

이리 달라서

뻐꾸기의 울음인지 외침인지 질러대는 격음 뻐꾹뻐꾹이
귀로 들으면 뻐꾹뻐꾹이고, 마른 가슴으로 들으면 딸꾹딸꾹이고
마음으로 들으면 폭군폭군, 무위의 해석이란 게 이리 달라서

폭군폭군으로

뻐꾹뻐꾹 시인마다 달리해서, 괴테는 '구구우 구구우' 목소리로
워즈워드는 '네 이중의 외침'으로, 두보는 '우는 뻐꾸기'로
칠곡 지방 민요는 '뻐꾹 소리'로 한 풍시조 시인은 폭군폭군으로

시작이 된다

서로 다르면서 한- 뿌리로 귀결되는 자연의 일원론 인(因), 인이면 잉(仍), 잉이면 거듭 천(洊)과 인연의 연(緣)과, 이유인 유(由)와 그리고 의지할 의(依)와 통함이니 모든 근본의 시작이 된다

지녔음이다

하늘은 사람의 시초, 부모는 사람의 근본, 소이로 해서 궁하면 본향인 하늘을 쳐다보고 병고에 시달리면 부모를 부르지 않는 자가 없다, 근본이 있음이고 근본에의 귀향 본능을 지녔음이다

본성이 그러함이다

혹불욕이백, 한아욕이흑 하면 말 될까, 따오기는 목욕하지
않아도 희고, 까마귀는 목욕해도 검다란 풀이면, 본성이 희면
검을 수 없고, 본성이 검으면 흴 수 없음이니 본성이 그러함이다

※ 곡불욕이백(鵠不浴而白) : 따오기는 목욕을 하지 않아도 희다는 뜻
※ 한아욕이흑(寒鴉浴而黑) : 까마귀는 목욕해도 검다란 조어.

2024년 6월 17일

맘에 안 들어

정부, '사실상 종부세 폐지'했던데, 그 이유가 맘에 안 들어서, 야당의 주장인 부자감세가 소이가 아니라 OECD와의 형평이 아니라 여소야대에 대통령 지지율 정체가 소이일 듯싶어서 대의론 맘에 안 들어

많은 쪽 선택이 필수

정부, 첨예화한 의협 3대 요구안 거부로 집단휴진 현실화
손해 볼 것 없을 듯, 의사보다 환자수가 더 많아서, 오즘 세상
기술이 아닌 머릿수가 매사 결정해서 많은 쪽 선택이 필수

가(可)? 불가(不可)?

동해 유전 사업, 이미 지난 1월부터 진행, 꼬임 없이 잘나갔는데
대통령이 나서면서 전략만 꼬여 의심에 의심이 얽혀 꼬였다데
꼬인 지지율 풀려고 나섰다가 되레 더 꼬였으니 국면전환 가? 불가?

그게 정치여서

종부세 깎았더니, 지방재정 2조 6천억원 이상 급감으로 '지역이 운다'
히히, 웃는 곳도 있어, 부자동네, 그걸 몰랐지? 한쪽이 울면 한쪽이
웃는 희비쌍곡선, 웃고 우는 인생사 아닌 정치사 그게 정치여서

내일을 위함이어서

정부 사실상 종부세 폐지 수순 두고, 야권 '서민·미래 세대 증세로 돌아올 갓'이라며 강력 비판, 야권의 배려가 그리 깊었던 것을, 서민과 미래 세대 배려란 게 내일을 위함이어서

두통 일으켜서

민주당 '김건희 청문회 열겠다' 했던데 열고 싶으면 열어야 못 열 것도 없지, 국회 장악한 힘 내세우면 열어야 정상, 정상 두고 비정상 택하겠나, 헌데 정상(正常)이 정상(頂上) 두통 일으켜서

그러할 듯

'기레기', '장사치' 막말, 언제까지 봐야 하나 했던데
보긴 뭘 봐, 들어야지, 귀가 둘이어서 슬픈 백성이여
입을 머리의 항문이라더니 인권위 김용원 상임위원 입이 그러할 듯

공 세웠어

김건희 여사 명품백, 공직자 배우자 제재 규정 없다며
'권력 눈치 살펴 부패의 길 열어줘' 했던데, 부패의 길만
열어줬나, 청문회의 길도 열어줘서, 전화위복 공 세웠어

안 외치겠나

'어쩌다 여가부는 동네북이 되었냐' 했던데, 여가란 게 여성가족부 준말인건 아는데 줄임말여가부의 여가(閭家)는 여염집 여가(餘暇)는 쉬는 틈이 되어 깽판 정치 북 치고 장구 치며 안 외치겠나

???

권익위가 열어준 부패의 길 위로 김 여사는 청탁금지법을 뒤로한 채 에코백을 들고 해외 순방길에 올랐다 했던데, 발걸음 외외탕탕이었을까? 유형의 길처럼 무거웠을까? 글쎄요.

※ 외외탕탕(巍巍蕩蕩) : 지엄한 왕도

울림 안 될지?

에코백의 에코가 희랍신화 에코(echo)면 소리, 메아리 에코(echo)면
메아리 아니던가; 선울림이나 메아리로 감겼을 에코가
청문회의 귀동냥에 의해선 복당에 감기는 울림 안 될지?

※ 복당(福堂) : 감옥의 이칭.

외치기도

몰랐었는데 한국이 국제노동기구 ILO의 의장국이라데, 노동조합을 탄압한정부의나라가 국제노동기구의의장국, 아이러니하다, 이를두고 한국노총·민주노총 공히 볼썽사납다며 노조탄압 멈춰야 외치기도

2024년 6월 18일

고양이는 아니지

김정은 푸틴 초청한 것이나 윤석열 바이든 모셔올 것이나 목적도
의도도, 술수도, 기대도 다르지 않을 듯, 약자란 게 강자를 등에
업어야 호부우라도, 호랑이나 호랑이새끼나, 고양이는 아니지

※ 호부우(虎負嵎) : 범이 산모퉁이에 의지하여 있으면 그 용맹을 당할 수가
없다는 뜻으로 영웅이 한 지방에 할거함을 이르는 맹자(孟子)의 말.

암흑의 파도여서

서울대병원 휴진에 이어 아산병원, 세브란스등 대형병원도 따라할듯
파장 천파만파, 열대아 연옥에 파도면 구원의 상징
헌데 어쩐다 어둠을 등에 업고 밀려오는 암흑의 파도여서

가을 수준이어서

뚝뚝 떨어지는 '국정운영 기초 체력' 했던데 기초체력 부실 소이 불신 극복 못한 데서 연유한 듯, 반전도란 정책마저도 믿는 이 없으니 뚝뚝, 여름도 깊기 전에 가을 수준이어서

해냄 같아서

길쭉한 '동남아 쌀' 해남서 키워 수출, 세계시장
90% 차지했다던데, 땅끝이 끝이 아닌 시즌 같아서
뿐인가 해남이 해냄 같아서

하늘보다 높고자 해서

집값 곧 오를 거라데, 그럴 수밖에, 그동안 안 오른 것이 이상했지
APT란 게 콘크리트로 긴 모가지 깁스해 절대로 숙여지질 않거든
그걸 억지로 꺾으려면부러지지, APT 생리란게 하늘보다높고자 해서

엊그제 같은데

'뭉치면 산다', 옛 이승만 정권의 구호인 줄 알았더니 지금도? 코로나 역병시댄 '뭉치면 죽는다' 아니었던가, 시대에 따라 달라지는 정의는 정의가 아니라 의사정의다, 뭉치면 죽는 것이 엊그제 같은데

허니 답 하겠나

'대북전단 왜 막지 않는가' 물었던데 답 있을까? 답 없으면
불법 묵인한 셈, 정당하다면 즉각 답해야, 헌데
9.19 평양선언, 4.27 판문점 선언에 위배돼서, 허니 답 하겠나

자랑 끝에 불붙어서

'I.O 의장극 자화자찬하는 정부 '낯부끄럽지 않나?' 했던데 부끄럽지, 헌데 부끄러움을 되레 자랑삼으니 오죽 자랑거리 없으면 부끄럼을 자랑으로 내세웠겠나, 자랑 끝에 불붙어서※

※ 무엇을 너무 자랑하면 그 끝에는 말썽거리가 생긴다는 우리 속담.

답이어서

인간은 자랑을 갖고 이미 살 수가 없을 때에는 자랑스럽게 죽어야
한다 했던데, 니체 선생, 자랑스럽게 사는 수는 없을까요?
물을 것 없어, '그럴수록 자랑 앞세워야'가 도치시대의 답이어서

단우마절반이어서

'백성의 신뢰가 없으면 정권은 존립할 수 없다.' 왜? 민주국가니까 헌데 백성의 신뢰 아닌 신물 따로 있어서 도치(刀治)의 칼, '칼을 잡는 자 칼로 망하리라' 글쎄요? 도치시대의 칼이 단우마절반이어서

※ 단우마절반이(斷牛馬截盤匜) : 소와 말을 베고 또 단단한 쇠그릇을 자른다는 뜻으로 몹시 예리한 칼을 일컫는 말

무슨 걱정

'김건희논문'과 차기 '숙대총장' 했던데 차기 총장에 문화학과 문시연 교수가 투표결과당선, 헌데 그가내건 공약이 김건희의 석사학위논문 표절시비정리, 사실밝혀 숙대명예 지켜주면 총장몫한것을 무슨걱정?

공 이룰 수 있던가

사실대로 진실 밝히면 숙대 명예지키고 총장 자리도 지킬 것, 헌데
걱정거란 게 대통령실이나 교육부 압력 예산이 수반한- 만단수
총장 명예 걸고 몸 던져 볼만, 희생 없이 공 이룰 수 있던가

※ 만단수(萬端愁) : 온갖 수심.

2024년 6월 19일

할 수 있어서

푸틴 방북으로 김정은 콧대 높아지겠네, 허긴 언제까지
납작코로 살 수만은 없지, 콧대도 세우고 목도 세우고
호부우(虎負嵎) 즐겨야 백두산 산군 행세 할 수 있어서

※ 산군(山君) : 호랑이를 일컫는 말

어그러진 모순 아니던가

'국가채무' GDP의 45%로 묶는 법안 발의 했던데, '감세하며
재정도 지킨다'일 터, 헌데 국가채무 GDP의 50%를 이미 넘겨버려
'자가당착, 자가당착이 앞뒤가 어그러진 모순 아니던가

무슨 수로 막아

푸틴 방북, 한·미·일 결속에 대응하기 위한 자구책이란 견해
맞다면 탓할 일 못 되고 탓해 봤자 쓸데없는 일
서로 살기 위한 자아방어기전을 무슨 수로 막아

이기기밖에 안 들어 있어서

업무개시명령이란 정부압력과 총궐기로맞선 의협의대치에 ˙끝과˙답 원한다했던데, 끝도답도없을듯, 기싸움이라는기가 서로지기싫어하는 오기여서, 한쪽이져야 '끝', '답'인데, 오기엔 이기˙기밖에안들어있어서

칼 세가 지배해서

'윤석열의 난세' 했던데, 난세란 게 어지러운 세상을 일컬음
아니던가, 난세엔 영웅이 나타난다 했던데, 허사(虛辭)
난세를 더 지독한 난세로 밀어넣는 칼로 다스리는 칼 세가 지배해서

악마가 만찬에 온다네

요민걸련이라 했던가, 탓할 게 없어, 개만도 못한 세상에 개만큼만 하면 양반이지, '민주당 아부문화 심각, 윤석열 아부에 '보수의 악몽' 했던데, 아첨하는 자들이 모이면 악마가 만찬에 온다네

※ 요민걸련(搖尾乞憐) 비굴한 사람에게 아첨하듯 개같이 함을 이른 말

아첨국 같아서

인간을 아첨하는 동물이라 했던가, 그것도 힘에, 풀이해 보면
힘이 없으니 힘 있는 자에게 아첨, 힘에 편승하고자 함 아니던가
G2는 힘의 대명사, G2의 조정에 매달린 나라들이 아첨국 같아서

지양해야

편승 · 편신 · 편심 · 편재, 편(偏)자 돌림이란 게
잘못 끼어들었다간 열외 · 낙오 · 피투 못 면해서 토사구팽 될 수도
외로워도 자존의 길 정도로 알고 끼어들기 지양해야

부챗살로 펼쳐졌다

간단한 선물과 함께 메모 한 장을 받았다, '더위에 건강하십사' 하는 내용의 덕담이었다, 짜증나고 땀나는 이 연옥의 계절에 덕담 한마디가 더위 식혀준 삽상한 바람, !!!이 부챗살로 펼쳐졌다

언어미가 아닐까

덕이란 절제 · 침묵 · 규율 · 결단 · 검약 · 근면 · 성실 · 공정 · 중용
청결 · 평정 · 순결 · 겸양을 말한다 했던데 덕담이면 덕행이 영혼의
미이듯 언어로 드러낼 수 있는 최상의 언어미가 아닐까

그것도 양극화(兩極化)의

은총·명리에는 남앞에서지 말고, 덕행·사업에는 남뒤에 떨어지지 말라 받아서 누림에는 분수를 넘어서는 안 되고 닦아 행함에는 분수를 줄여서는 안 된다, 채근담의 명구는 시다, 그것도 양극화의

발견이다

최고의 시는 다 형이상시다 했던데, 최고의 명구들 또한 다 시다
진실이 아니면서 진실에 값하고, 사물이면서 정신을 대신
드러내는 등가물이 되는, 시법으로 치면 객관적 상관물의 발견이다

2024년 6월 20일

그 본질은 같아서

북·러 정상회담 결과문 '한쪽이 침공당하면 상호 지원' 두고
준동맹수준이라 했던데, 한·미 군사동맹과 비슷할 듯
힘없는 나라들 힘 업고 행세하는 호부우; 그 본질은 같아서

※ 호부우(虎負嵎) : 호랑이가 산기슭에 의지해 있으면 그 힘을 당하기
어렵다는 뜻이니 지역에 할거하는 영웅들을 두고 한 말

다른 손에 쥐어져 있어서

한·미·일 밀착과 북·러·중 밀착 동북아 힘에 의한 양극화
늘 북 공히 패권국 등에 업고 있으니 그럴 수밖에
평화? 누구 맘대로, 키는 당사국 아닌 다른 손에 쥐어져 있어서

따로따로여서

불통과 불신, 윤석열 의료개혁의 끝은? 했던데
불통의 길에도? 바리케이트로 찍혀 있고 불신에도 매한가지
허면? 그 끝은? 안보의, 정부의 길, 의계의 길이 따로따로여서

체면 구겨서

국민의힘을 지적, 국회 보이콧, 전대 이전투구라며 그들만의 지리멸렬 했던데, 지적은 맞는데 맞는 지적 받아들이는 태도는 뾰족수 없어 이러지도 저러지도 못하는 무능만 드러내 체면 구겨서

안으로 굽어서

북·러가 보여준 예상 뛰어넘는 밀착두고 '고차원 접근 필요' 했던데 뾰족수 있을까? 양국 유사시 서로 개입에 수반하는 여러 가지들이 한가지도 만만한게없어서, 중지렛대 방안도 팔이란게 안으로 굽어서

악순환

북·러 밀착하고 정부·의협은 제 갈 길 따로 가고, 국회는 여야로 기싸움에 이전투구까지, 국고는 텅 비었는데 쓸 곳은 여기저기 되어가는 것 없으니 못 된 것만 불거지는 되풀이되는 악순환

아닐 듯

정부, 저출산 대책으로 부총리급 '인구전략기획부' 신설한다던데 출산 독려 떠맡겨 독려한다고 출산 늘어날까? 제도화로 인구 증가 실효 거둘까? 궁하면 통하고, 두드리면 열린다 했지만, 아닐듯

금물일 듯

북·러, 푸틴·김정은 둘만 남아 밀담 2시간, 무슨 말이 오그갔을까?
추측으론 탄약지원, 위성지원 기술 등 점치던데, 양측이
꿍꿍이속으로는 달인급들이어서 섣부른 추정 금물일 듯

iPien tao여서

북·러 정상회담 중·일 반응 대조적, 중은 북·러 왕래
양국 발전에 기여, 일, 한·미 비롯 국제사회와 긴밀 협조
입맛대로 풀이하는 것이 현대 외교의 관례인 iPien tao여서

정권 내려놔라 같아서

국회, 여, '법사위·운영위 1년씩' 제안에 야 '대통령 거부권
중단 조건', 정치에 문외한도 척 보니 딱 답 나오네
거부권이 정치생명·존재 이유인데 중단? 정권 내려놔라 같아서

노는 것이 되레 고통이 돼서

내년 쉬는 날 119일이라던데 1년 365일 중 3분의 1
가진 자는 노는 것 즐기겠지만 못 가진 자들은
노는 날은 공치는 날, 노는 것이 되레 고통이 돼서

공동묘지 안 될지?

초미세먼지로 인한 지구촌 대기오염으로 5세 미만 어린이 하루에 2000명꼴로 죽는다던데 1년이면 7백2십만 명, 불에 죽고 물에 죽고 병에 죽고 먼지에 죽고, 지구촌이 공동묘지 안 될지?

2024년 6월 21일

비상사태여서

'국가비상사태는 언제 끝나나?' 했던데 시작은 있고 끝은 없는 게 비상사태, 허니 쭉 비상사태 진행형이란 뜻, 앞으로도 쭉 시작있으면 끝도 있는 법, 헌데 시작만 있고 끝은 없는 것이 비상사태여서

내놓다니

'정부는 오답만 쓰고 있다'데, 무엇을 물었길래 오답만, 오답이란 게
오 답이면 얼마나 좋을까마는 오도 답도 아닌 틀린 답이어서
정답 아니건 답 안 해야, 헌데 오답을 답이라고 내놓다니

싸움판이나 더 안 키울지?

북·러가 맺은 '군사동맹조약' 여야, 초당적 해법 모색 주문했던데
해법이라고요? 국내문제도 제대로 해법 내놓지 못한 여야
해법은커녕, 해법 둘러싸고 싸움판이나 더 안 키울지?

지옥 속의 코리아촌

'당신은지금 어디에살고있냐 오만가지답 다 스마트폰에 들어있는데
이답은 없데, 아직 입력이 안된게 소이, '어디일까?' 천당은 아닐테고
낙원도 아닐 테고, 한 곳이 있긴 한데 지옥 속의 코리아촌

구화투신 못 면할 듯싶어서

폭염 아니어도 뜨거울 수밖에 없는 6월, 초하부터 연옥이니 중하쯤 가면 화통 속쯤 안 될까? 갈수록 더위에 불붙일 일들만 남아서, 불 끈다고 던진 장작 구화투신 못 면할 듯싶어서

※ 구화투신(救火投薪) : 불을 끈다고 장작을 던진다 함이니 근본을 다스리지 못해 되레 화만 키운다는 뜻

사위(死圍)같아서

북·러 밀착 두고 '더 불안해진 한반도' 했던데
사면초가- 아닌 사교다루가 그러할 듯, 사면·사교가
이웃사촌 아닌 사자돌림 사위(死圍)같아서

※ 사교다루(四郊多壘) : 사방에 군루(軍壘)가 많다는 뜻으로 천하가
  태평하지 못함을 이르는 예기(禮記)의 말.

하물며 정치에서는

국민의힘 당권 도전 4파전, 구경감은 못 돼도 관심거리 될 듯, 누가 돼도 여소야대 정국 한계 못 면할 듯, 모든 사람은 세계의 한계에 대한 자기자신에 대한 한계를 갖고 있다 했던가, 하물며 정치에서는

돌아설 기미 없고

날씨는 덥고, 정치는 어수선하고, 한반도는 신냉전 화약고 되고
편한 날이라곤 없다, 없으니 신명 날 일 또한 없다, 안녕은
안녕 못 면하고 불안은 안녕에도 돌아설 기미 없고

그래서

기미란 게 낌새 아니던가, 낌새는 형편, 형편이면
되어가는 모양인데 어느 것 한 가지도 개운한 맛이 없는 껄끄럼이면
매끄럽지 못함 아니던가, 푸틴·김정은이 남긴 여운이 그래서

그러할 듯도

여운(餘韻)이란 게 떠난 사람이 남겨 놓은 영향인데
푸틴이 남기고 간 여운은 일어탁수가 아닌 이어탁수일 듯
옛분들 이럴 때 두고 하는 말 타압경원앙이 그러할 듯도

※ 일어탁수(一魚濁水) : 한 마리의 물고기가 물을 흐리게 한다 함이니 한 사람의 잘못으로 여러 사람이 해를 입는다는 말.
※ 이어탁수(二魚濁水) : 일어탁수에 빗대어 두 마리의 물고기를 두고 한 일종의 조어.
※ 타압경원앙(打鴨驚鴛鴦) : 오리를 때리느라고 한 못에 있는 원앙까지 놀라게 한다는 말.

힘이 없어서 그런 것을

각국도생에 따라 맺는 협약이 동맹 아니던가, 한·미, 북·러 동맹도 다르지 않을 듯, 같음을 두고 서로 하는 탓, 탓이란 게 책임전가 아니던가, 탓 말 것이 피차 힘이 없어서 그런 것을

동맹도 하고

나라의 재력이나 병력을 일컬어 국력이라 하던가
약육강식, 동물의 세계만의 주어가 아닌 것이 인간사
국가와 국가도 그리, 힘없으면 먹혀, 안 먹히려고 힘과 동맹도 하고

2024년 6월 22일

썩은 이데올로기 병이어서

한반도신냉전시대했던데, 북·러밀착동맹을 두고한진단, 진단이란게 의사가 환자의 병인을 판단함 아니던가, 필시 병인 있기 마련, 헌데 병인이란 것이 온 세계가 앓고 있는 썩은 이데올로기 병이어서

이념(理念)

이념이란 게 현대적인 때가 없었으니만큼 낡은 것은 없다. 또한 어떤이념도 언젠가는 낡지않으리만큼 현대적인 것도 없다. 언젠가는 낡은 것이 돼버린 이념의 고루를 위해 싸우는 관념전쟁이 이념

자초할 수도

각자도생이 그러하듯 각국도생이란 것도 각기 다른 법
이념에의 편승으로 도생(圖生)이 도생(倒生) 돼
악목불음(惡木不蔭) 자초할 수도

겁풍(劫風)될 수도 있을 듯싶어서

북녘 군사분계선에 기둥 세우던데 베를린 장벽처럼 차단벽
세우지 않을까? 영구분단 염두에 둔, 삐라가 불러온 북풍이
겁풍될 수도 있을 듯싶어서

따로 차서

러는 북에 힘 실어주고 미는 남에 힘 실어주고, 보태준 힘은
고맙네만 챙길 잇속 따로 있어서, 보태준 만큼만 빼가면
양반인데 양반들이란 게 놀부 심보 따로 차서

덕으로만 풀고자 해서

놀부양반 탓할 것 없어, 홍부네 가난 때문에 덕에 먹칠은 했지만
이 땅의 최초의 자본주의에 입각한 경제학 박사였어, 그 이론이
옳았던 것을, 이론 아닌 덕으로만 풀고자 해서

경제이론으로는?

덕을 일종의 건강, 미, 영혼의 좋은 존재 형식 했던데, 반대로
병, 허약함을 악덕으로 풀이하기도, 놀부 대감님
어느 쪽이 정답인가요, 영감의 경제이론으로는?

이거지

케인즌가 하는 분이 한 말 '풍요 속의 빈곤' 그걸 극복해야지
풍요를 구가하고 있는 다른 편, 즉 설비가 유휴(遊休)하고
실업자가 거리에 넘쳐나고 있는 양극화를 극복해야 한다 이거지

피투된 시대에는

'이거지', '저거지' 할 것 없어, 생산을 너무나 중시한 생산병도 거지 소비를 너무나 경시하는 경시병도 거지; 두 거지가 이 시대의 인간 유형을 대표하거든, 거지 말고는 전부 열외나 피투된 시대에는

경제로 척도 돼서

경제적으로 올바른 것은 도덕적으로도 올바르다 했던데, 경제적 올바름이란게 과연 무엇일까, 또 도덕적올바름이란 무엇일까? 경제와 도덕의 올바름, 자본주의시대의 올바름은 도덕아닌 경제로 척도돼서

양반만 못난이 못 면해

뚜벅뚜벅 걷는 것이 경쟁에선 이긴다, 그것은 이솝우화에서 하는
말이고, 지금은 초스피드시대, 뚜벅뚜벅 걷다간 낙오자 못 면해
택시 타고 달리는데 뚜벅뚜벅 팔자걸음이면 양반만 못난이 못 면해

아닐듯싶어서

옛분들말씀에 양반새끼는 고양이새끼요 상놈새끼는 돼지새끼라했데
풀이하자면양반자식은자라면서다듬어지지만 상놈의자식은자랄수록
더럽고 억세진단 뜻, 맞는 말이네만 틀린 말도 아닐듯싶어서

2024년 6월 23일

큰소리만 앞세워서

푸틴, 북 다녀가자 한반도 신냉전시대로 들어서며 긴장 고조
긴장이란 게 마음 다잡음의 조심성아니던가, 조심성을 이속우원이라
했던데 요즘 세상에선 조심 대신 되레 큰소리만 앞세워서

※ 이속우원(耳屬于垣) : 귀를 담에 대고 엿듣는다는 뜻으로 남이 듣지 않은
곳에서도 말을 삼가라는 뜻

군자는 말이 없다던데

큰소리를 대성(大聲)·대언(大言)·호언(豪言)이라고도 하지
남북 공히 큰 힘에 의지하면서도 대성·대언·호언 좋아해서
헌데 큰소리란 게 뻥이어서, 군자는 말이 없다던데

소리 아닌 말씀이었어

배경 믿고 내뱉는 큰소리란 게 따지고 보면 말씀은 고사하고
말도 못 되는 소리여서, 우리 옛분들 이를 두고 하는 말 듣지 않는
솜틀은 소리만 요란하다※ 했던데 소리 아닌 말씀이었어

※ 어리석고 못난 자일수록 젠체하고 호령하며 나선다는 우리 속담.

남북의 소리 같아서

초목은 소리가 없지만 바람이 흔들면 소리 내어 울고, 물도 소리가 없지만 바람이 움직이면 소리를 내어 운다 했데, 바람이 흔들기에 따라 내는 소리가 흡사 남북의 소리 같아서

남북의 힘자랑이 그러한 듯싶어서

저런 힘도 없으면서 힘 과시(誇示), 과시란 게 자랑하여 보임 아니던가, 일종의 부풀리기, 해서 사실보다 크게 나타내 보임도 되거든, 뒷배경만 믿고 내보이는 남북의 힘자랑이 그러한 듯싶어서

좋아해서

인간은 자랑을 갖고 이기 살수가 없을때에는 자랑스럽게 죽어야한다
이치로 치면 죽지 않고 살아남으려면 자랑을 앞세워야 한다
그래선가, 용대기 내세우듯[※] 자랑 앞세우기 좋아해서

※ 용대기(龍大旗) 내세우듯 : 사소한 재주라도 있으면 말끝마다 내세우고
자랑삼는다는 우리 속담.

정의였던 것을

모든권력은붕괴하며 절대권력은 절대적으로붕괴한다했던가, 권력은 어떠한자가행사한다하더라도 그것자체는 악이다했던가, 악과권력의 동일시, 권력과 붕괴의 동일시, 동일시가 권력의 정의였던 것을

붕괴였던 것을

붕괴란 게 허물어져 무너짐 아니던가, 천년 성도 고성낙일 못 면하고 건병수와 같은 권력도 권불십년 못 면하고, 지엄한 왕궁도 유한기간 못 넘기고 누수돼 붕괴되는 것을, 권력의 대명사란 게 붕괴였던 것을

답 들어있어

돈키호테와 햄릿의 두 타입 속에 모든 인간의 특성이 들어있다 했다
삼국지에 등장한 인물유형도 모든 인간의 특성이 들어있지, 나란
어떤 인간인가? 읽어봐 돈키호테, 햄릿, 삼국지에 답 들어있어

고전이여

답이란 게 문제를 풀어서 답함 아니던가, 해서 문제 있으면 답도 있기 마련, 헌데 아니데, 끝내 답 않고 입 봉하면 답 없음과 같아서 뿐인가 암시도 답, 상징도 답, 딘답 시대는 고전이여

암시도 답이 돼

YS 정부 때 한보사건이란 게 있었지 정경유착의, 재판정에 한보사장 증인으로 나왔는데 X자가 씌어진 마스크를 쓰고 나왔어, 모두들 함구 예상했지만, 아니었어, X 뒤엔 Y가 있다는 암시였어

입술을 내미는 것과 같은

암시란 게 유식하겐 힌트(hint) 아니던가, 넌지시 에둘러서
답이 되게 하는 간접화법, 해서 중간에 매개물이 있기 마련
"너 날 사랑해"에 말 대신 입술을 내미는 것과 같은

감각적 말초신경 충족시대여서

성인 10명 중 그 반이 넘는 6명, 1년에 단 한 권의 책도 안 읽는 독서부다의 코리아, 탓 마시게나, 지금은 먹방·노래의 감각시대, 지적 만족도는 저리 가라, 감각적 말초신경 충족시대여서

■ 시집 평설을 대신해서_諷詩調에 대한 사계의 견해

三行詩의 안팎

문덕수(전 예술원 회원)

1.

박진환의 三行詩Ⅷ 『諷詩調』를 읽고 느낀 바가 많지만 다 말할 수는 없을 것 같다. '諷時調'라고 하지 않고 '諷詩調'라고 한 것은 '시조(時調)'와는 다른 장르임을 말하는 것이 분명하고, '풍조시(諷詩詩)'가 아니라 '풍시조(諷詩調)'라고 한 것은 이와 유사한 다른 장르명의 어순을 따를 필요가 없음을 암시한 것 같다. 어쨌든 '풍시조(諷詩調)'는 다른 누구의 것도 아닌, 바로 박진환의 장르다. 그가 풍시조의 시조요, 창업자다.

'풍시조(諷詩調)'의 '풍(諷)'은 '풍자(諷刺, satire)'일까, '풍유(諷喩, allegory)'일까(諷諫, 기자(譏刺)라는 말도 있다). 풍(諷)은 '言+風(음)'으로 된 글자인데, 떨리는 소리로 낭독하는 것을 풍송(諷誦)이라고 하고, 바람이 나뭇가지나 이파리를 흔들듯이 사람의 마음을 움직이는 것을 '풍(諷)'이라고 한다. '풍자'는 후자에 해당한다. 그러나 이러니저러니 따질 필요는 없다. '시작품' 자체가 시론이기 때문이다. '풍시조'의 정체는 박진환의 작품에 있다고 하겠다.

> 달콤한 오수 깨며 띠리링 울리는 벨소리 속 목소리
> 기막힌 부동산 정보 전해 드리려고요
> 너나 기막히세요, 난 귀 열고 매미소리나 벗하리니
> ― 「귀 열고」

　IT매체들(휴대전화 등)을 통해 부동산 중개업자(복덕방)의 이러한 극성스러운 메시지는 시민들이 역겹도록 경험하고 있는 현실이다. 시도 때도 없는 각종 정보 발신에 시민들이 무방비 속에 시달리는 것은 정보공해라고 할 수 있다. 이 시는 요즘의 이러한 부동산 시장의 상황과 정보공해가 전제되어 있고, 이러한 상황을 어느 정도 공유하고 있는 독자에게만 공감이 절실할 것이다. 풍자건 유머건 간에, 독자의 다양한 지적 교양이 전제된다는 점에서 지성적 활동이라고 할 수 있다 (박진환을 '주지시'의 계열의 중요시인으로 보는 것도 이 때문이다).

2.

　왜 3행시일까. 20행, 30행의 장시나 산문시면 안 되는가. 초·중·종장과 같은 3행이지만, 시조의 율조와는 관계가 없다. 종장 '3·5·4·4'와 같은 율조도 지킬 필요가 없다. 음보와도 관계없다. 시조의 3행과 같다는 말도 사실상 넌센스다. 그럼에도 3행시로 한 뭔가의 이유가 있지 않을까. 앞에 든「귀열고」에서 여러 가지 장치를 전지(剪枝)하고 3단논법의 뼈대만 추려 본다.

> 남을 괴롭히는 전화는 받기 싫다(대전제)
> 요즘의 부동산 정보전화도 사람만 괴롭힌다(소전제)
> 그러므로 내게 그런 전화하지 말라(결론)

　이와 같은 논리소('화소'라는 말이 있지만 '논리소'라고 해둔다)로 환원시켜 놓그 보면, 「귀열고」는 3단논법의 시상 전개임을 어느 정도는 이해할 수 있다. 상황 제시(대전제, 제1행), 권유나 권고(소전제, 제2행), 거절(결론, 제3행)로 된 3단형이나 구문면에서는 문답형이다. 3단 논법이란 2개 이상의 전제를 제시하고, 거기서 결론을 도출하는 추론형식이다. 2개든 3개든 2행으로 전제를 제시하거나 열거하고, 논리 진행의 반전, 좌절, 총합 등으로 결론을 도출하게 되면 '3단형'이 되지 않을 수 없다. 또 구문상의 '문답형'으로 본다고 하더라도 물음과 답이 각각 1핟씩 합해서 2행이 되고, 물음과 대답을 성립하기 위한 전제적 상황 제시가 1행을 차지하면, 이 또한 3행 형식을 취하게 된다.

> 돈 많은 세상에 돈 없이 배고파하는 꼴이나
> 물난리에 물이 없어 목말라 하는 꼴이나
> 사람 중에 사람 없어 정치공황 부황든 꼴이나
> ―「꼴이나 꼴이나」

　「꼴이나 꼴이나」도 3단형이긴 하나 논리의 극적 국면(반전, 좌절 등)이 약한, 즉 편평(扁平)한 3단형이다. 더 정확하게 말하면 전제만 3행으로 열거되고 결론이 없는(결론은 독자의 몫으로 남겼다.) 일종의 '나열형'이다. 틀(뼈대)을 추려보면 "풍족 속의 굶주림은 꼴불견이다(제1행), 홍수 속의 갈증은 꼴불견이다(제2행), 인재 귀한 정치 공황은 꼴불견이다(제3행)"의 3단형인데, 대전제·소전제·결론 형이 아니라 단지 전제의 3행 나열에 지나지 않고, 이러한 나열을 총합한 결론은 독자에게 맡겨져 있다. 구문상으로는 '꼴이나'가 각행의 끝말로 반복(세 번 반복)되는데 귀납형의 방식이라고 할 수 있다. 대전제를 먼저 제시하는 3단 논법형과는 다르다고 하겠다. 3단형이라고 하더라도 여러 가지 성질의 형식이 있으므로, 여기서는 변죽만 건드려본 정도로 그치겠다.

3.
다음엔 실제 작품을 조금 음미해 본다. 「귀열고」는 「夏夜」와 더불어 박진환의 풍시조 중에서 가장 재미있는 작품인 것 같다. 전형적인 작품이라고 해도 괜찮다.

'기막히다'의 활용형(기막힌, 기막히세요)은 문답의 '고리' 역할을 한다. 부동산중개업자와 시적 주체도 연결시켜준다. 그런데, 대답 부분(제3행)의 '기막히세요'라는 '고리'에는 '기막히다(어떤 일이 하도 어이없거나 엄청나서 질릴 정도이다와 같은 부정적 성질의 의미와, 어떻다고 말할 수 없을 만큼 좋거나 정도가 높다와 같은 긍정적 성질의 의미가 공존한다)와 '귀(耳) 막히다' 등의 의미가 공재해 있고, '귀 막히다'는 뜻의 말은 짐짓 잘못 알아들은 것으로 되어 있다. 이 풍시조의 재미는 '기막히세요'라는 고리에 내재된 다채로운 뉘앙스의 삼중 겹침에 있는 것 같다. 여기에 "너나 기막히세요"라는 독백 형식의 대답에는 "너나 잘하세요"(영화 「친절한 금자씨」의 주인공이 한 말)도 연상되고, 더 지적으로 민감한 독자라면 "사또님 말씀이야 다 우습지"나 "사돈네 남의 말 한다"와 같은 속담도 연상하게 될 것이다. 또 2인칭 대명사 '너'와 높임말인 '기막히세요'는 존대법상 일치하지 않는다. 이러한 문법적 불일치도 미적·풍자적 효과에 한몫 더한다. 말하자면 독자의 지적 수준에 따라 그 웃음과 재미가 증감된다. 아다 이러한 시적 장치의 전부를 담아 뭉뚱그리기에 적합한 가장 간결한 형태가 3행시가 아닐까도 생각된다.

> F킬라를 뿌리듯 이발사가 내 머리에 스프레이를 분무한다
> 내 머리를 모기나 파리 대가리쯤으로 아는 모양이다
> 하긴 싹쓱 손 비비고 남의 피나 핥았으니 그럴 법도 하지
> ―「이발소」에서

전제가 되는 부분의 열거를 1행, 2행에 배당하고, 그 전제를 근거로 제3행에서 결론을 도출한 3단형이다. "이발사가 내 머리에 스프레이를 뿌린다(제1행), 나를 모기나 파리로 간주하는 것 같다(제2행), 아첨하고 착취했으니 이발사의 행위는 당연하다(제3행)"는 것이 이 풍조시의 뼈대다. 추린 논리소다. 그러나 이 논리 속에는 의도적 곡해(曲解)와 사회를 향한 우회적 공격이 숨어 있다. 논리 속에 숨은 이 장치의 이해가,

이 풍시조 수용의 전제가 된다.

특히, "싹싹 손 비비고 남의 피나 핥았으니"에서, 1인칭(모기나 파리의 1인칭)인 '나'의 비하(卑下)를 통해서 파리나 모기와 다를 바 없는 자신이 바로 사회의 무고한 사람들에 대한 침입자나 가해자였음을 폭로한다. 자기가 바로 풍자의 칼날에 희생되어야 할 대상이며, 자신의 비하가 공격과 비판을 위한 칼날 갈기의 전제라는 아이러니를 본다. 일종의 도회(韜晦)의 비늘이라고 할까. 새디즘과 매저키즘은 동전의 양면이라는 심리분석도 이 경우에 해당될지?.

> 夏! 정말 덥다, 夜! 시원하다
> 夏夜보다 더 신나고 시원한 것 없을까
> 없긴 왜 없어, 下野란 말 있잖아
> ―「夏夜」 전문

「夏夜」는 문답형 중의 자문자답형이다. 독백형 자문자답이다. 두 개의 전제에서 의외의 결론을 끌어낸 3단 형태라고도 할 수 있다. 제1행의 대전제가 그 다음의 소전제와 결론인 대답을 가능하게 해준다. 어쨌든 '夏夜'라는 편(pun)과 더불어 박진환식 풍자와 해학의 가장 돋보이는 전형적인 시다. '夏夜'에 내포된 골계미와 풍자성을 분석해 보자.

'하야'라는 시니피앙에는 1)계절로서의 夏夜, 2)'하! 야'라는 반응의 감탄사, 3)하야(下野)라는 시니피에가 겹쳐 있다. 반복하면 시니피앙의 한 덩어리 속의 세 시니피에가 꼬리를 물고

꼬여 뫼비우스의 띠처럼 회오리친다. 특히 '하야(夏夜:下野)'라는 말이 지닌 둣자성이 시 전체(1행, 2행, 3행)에 삼투되어 방사(放射)한다. 웃음 속에 감추어진 칼날을 보는 것 같아 섬찍하다.

4.
끝으로 풍시조 1편과 외국의 우화 1편을 비교해 볼까 한다. 대상은 둘 다 '중동(中東)'이다.

    열사의 불 먹고 사는 탓에 제 버릇 못 버려 즐기는 불장난
        석유까지 불을 뿜어대니 연일 불바다지
    얼음을 먹어야 식히는데 中東엔 仲冬이 없으니
                  —「仲冬이 없으니・1」

이것은 일종의 '편'이다.「夏夜」에 비하면 편의 구조도 퍽 단순한 편이다. 페르시아만(아라비아만)의 해변에 '개구리' 한 마리가 햇볕을 쬐고 있는데, '전갈(scorpion)'이 와서 바다 건너 저쪽 언덕까지 등에 태워 건너달라고 부탁한다('전갈은 몸속 독낭에 못 모양의 돋침이 들어 있는 동물이다).

"싫어. 넌 전갈 아냐. 날 찔러 죽이려고"
"바보 같은 소리" 내가 찌르면 너도 죽지만 나도 익사하지 않는가. 잠시 생각한 끝에 개구리가 말한다.
"그렇군. 그럼 내 등에 올라타"

전갈을 등에 태운 개구리가 아라비아 바다를 건너기 시작한다. 바다 복판쯤에 왔을 때, 전갈은 갑자기 독침을 꺼내어 개구리를 찔러 버렸다.

"왜 이래?"

전갈이 대답했다. "여긴 중동(中東)이야."

유머지만, 이것은 '우화'의 형식을 취하고 있다(박진환도 '우화' 쪽으로 발전할지도 모른다). '개구리'는 아라비아만으로 관광온 유럽인인지도 모른다. 그러나 이 조크에 등장하는 '전갈'과 '개구리'의 본의(本義)가 각각 유럽과 중동 중에서 어느 쪽인가에 따라 작품 전체의 이야기가 달라지고, 공격의 대상도 반대가 된다. 그러면 박진환의 풍시조의 공격 대상은 누구인가. 중동만이라고 할 수 없다. 여기서 해학이건 풍자건 그 속에 감춘 예리한 '날의 현동화(現動化)가 실은 얼마나 어렵고 미묘한 것인가를 시사한다. 특히 「전갈과 개구리」의 경우, 그 균형(balance) 잡기의 어려움을 실감하게 된다.

나는 오늘의 한국시의 지형도를 그려본 적이 있다. 1)전통과 서정(전통적 서정시), 2)메시지와 관념(관념시, 생태시), 3)이미지와 물리성(언어 이미지시), 4)탈관념의 실험(탈관념시), 5)주지적 처리(주지시) 등이 그것이다. 한국시의 동서남북이라고도 할 수 있다. 우리 시단의 특색 있는 시의 중요한 작품들은 일단 이 지형도로 배열, 배치할 수 있다. 우리 시의 현황이다.

나는 박진환의 최근작(3행의 풍시조)을 주목하면서 '주지시'

의 장르로 보았다. 지금도 나는 이러한 자리매김을 후회하지 않는다. 김춘수는 박진환의 풍시조에 대하여 『하여지향(何如之鄕)』을 쓴 송욱의 '전철'을 밟고 있다고 했지만, 나는 송욱과 '같은 계열'이라고 보지, '전철'이라고는 생각하지 않는다. '풍자의 노끈'으로 송욱과 박진환을 칭칭 묶어 버리는 것도 가능하나, '풍자'가 있는 '주지(主知)의 토포스' 속에 자리한 박진환의 거처가 지닌 의미의 진폭을 이해할 필요가 있을 것 같다. 풍자, 해학, 펀, 아이러니, 비꼼, 조롱 등은 '주지시'의 자원이긴 하나 이것만이 전부는 아니다. 이러한 주지시는 송욱, 김현승, 김광섭 등을 거쳐 김기림(金起林)의 장시 『기상도(氣象圖)』(1936)에 이른다는 사실을 이해한다면, 주지의 여러 가지 자원이 뭣인가를 짐작할 수 있다. 『기상도』가 지닌 주지적 풍부함의 목록을 일일이 확인할 필요가 없을까.

이야기를 많이 에둘렀다. 다시 「仲冬이 없으니·1」과 「전갈과 개구리」 이야기가 지닌 한 가지 토픽도 주지(主知)가 지닌 여러 가지 목록 중의 하나다. 지성은 억제와 조절에 바탕을 둔 '균형'을 강조한다. 형이상적 존재의 인식, 그 인식이 지닌 초월성의 자기화(自己化)에 의한 시선의 확보, 그 중의 풍자적 시선이 공격 대상을 선정하는 일에 도리없이 참여하는 '균형'은 특히 중요하다. 저울대의 무게와 추가 형평을 이룰 때 '풍자'는 더욱 빛날 것이다.

■ 시집 평설을 대신해서_諷詩調에 대한 사계의 견해

知的調律에 의한 시 意味의 密度와 結晶度
― 『諷詩調』의 창간에 부쳐

성찬경(전 예술원 회원)

  문예지 『풍시조(諷詩調)』가 창간되었다. 때는 2008년 초여름이고, 앞으로 계간지로 계속 발간될 것이라는 예고다.
  문예지라고 했지만, 문예지치고는 매우 특수한 성격을 지니는 문예지다. 우선에 소설은 배제된 시 전문지이지만, 넓은 범위의 시 일반을 싣는 것이 아니라 '풍시조(諷詩調)'란 새로운 시적 유형과 범주에 속하는 시만을 모아서 엮는 시지이니, 이를테면 시단 안에서도 특수 전문지의 성격을 갖는다. 흔히 취미 오락 등을 다룬 잡지에 낚시니 등산이니 바둑 등을 전문으로 다루는 잡지를 보게 되는데, 『諷詩調』는 시 안에서도 독특한 장르만을 대상으로 하는 일종의 전문 시지(詩誌)인 셈이며, 우리나라 시사(詩史)와 시단의 현황이 어언 여기에까지 이르렀는가 하는 감회를 갖게 된다.
  여기에서 좀 더 차분히 『諷詩調』의 출현을 지금까지 키워온 그 뿌리와 수맥을 살펴볼 필요가 있다. 말할 것도 없이 이

『諷詩調』의 근본이 되는 자양적 모태는 박진환 시인이 약 30년에 걸쳐서 전개해온 넓은 의미에서의 지성시(知性詩) 운동이다. 박진환 시인은 이러한 지성시의 구체적인 전개방법으로서 '형이상학사'의 기치(旗幟) 아래, 이른바 변용의 시를 추구해온 것은 세상이 다 아는 바다.

변용의 시도 실은 그 개념의 범주가 좁다 할 수는 없다. 더 구체적으로 말하면 시에서의 위트, 컨시트, 또는 펀과 같은 기법을 활용하여 시의 정서적 구조를 지적 구조로 바꾸고, 그럼으로써 시를 의미의 밀도에서 좀더 경질(硬質)의 것이 되게 하려는 시적 추구를 말한다. 그리고 이것은 그 시적 추구에서 17세기 영국의 '형이상학파' 시인들의 추구와 그 맥이 통한다는 사실도 우리가 알고 있는 바와 같다.

여기에서 박진환 시인의 이러한 시적 추구가 우리 시의 현실적 상황과 어떠한 관계에 있는가 하는 점을 살필 필요가 있다. 현재의 우리 시는 한 마디로 지성이라는 영양소의 결핍 증세가 심한데, 또한 그것을 자각하고 있지도 못하다는 것이 나의 솔직한 판단이다.

시에서 지성이 하는 구실은 일종의 조화 감각이라 할 수 있다. 시가 너무 한 쪽에 치우치는 것을 막아주는 감시의 역할을 하는 것이 바로 지성이다. 그래서 시에서 지적 요소가 부족하면 시가 한쪽으로 치우치는 것을 막지 못한다. 시에서 눈물이 너무 많아진다거나, 지나치게 격정에 사로잡힌다거나 정서의 내용이 너무 가냘퍼진다거나, 또는 지나치게 괴기해진다거나 하는 현상은 모두 지성적 작용의 결핍에서 오는 증후라

할 수 있다.

문예지 『조선문학』을 중심으로 하는 한 무리의 문인들이 문학에서 지성적 구실을 강조하고, 줄기차게 우리 문단에서의 이러한 허점을 보완하고자 한 문학적 공헌에 대한 평가에서 우리는 몰인식과 소극성을 벗어나지 못하고 있는 것이 아닌가 하는 것이 역시 나의 생각이다.

이번에 발간된 『諷詩調』는 박진환 시인이 벌여온 시운동의 더욱 정제된 결정과도 같은 것이며, 이것을 일종의 '문학적 발명'이라 해야 마땅할 것이라는 생각이 든다.

어느 시대에 있어서나 문학의 새로운 양식은 그것이 하나의 새로운 발명임을 의미한다. 그리고 진정한 의미에서의 '발명'이라면, 얼핏 보아 아무리 하찮게 보이는 것일지라도, 거기에는 발명자의 많은 시간과 피땀과 노고가 스며있음을 잊어서는 안 된다. 시에 있어서도 마찬가지다. 시의 새로운 체질과 양식과 장르의 발명이 실은 시인들의 끊임없이 노력하고 추구하는 목표이기도 한 것이다.

'諷詩調'의 출현 역시 결코 하루아침에 이루어진 우발적인 출현이 아님은 말할 것도 없다. 지금까지 박진환 시인이 시도해온 많은 '3행시'와 '諷詩調'가 그 싹이 되어 피어왔음은 물론이다.

『풍시조(諷詩調)』가 갖는 새로운 체질적 특색을 간단히 살펴보겠다. '諷詩調'가 우리 고유의 전통적 시가의 형식인 '시조(時調)'와 체질적 연관성이 있음은 물론이다. 諷詩調의 구성이 3행으로 돼 있는 점이 초중종 3장으로 돼 있는 시조와 일치한다는 것에서도 이 일을 알 수 있다. 원래 시조의 초중종 3장도 시조보다 더 뿌리 깊다 할 수 있는 동양 고유의 한시(漢詩)의 기승전결에서 나온 것임을 우리는 짐작할 수 있다. 4행1련을 기본 단위로 하는 기승전결은 사실 동서고금의 모든 시적 감흥의 기본 틀이기도 하다. 다만 시조의 경우 종장에 해당하는 3장에서는 '전(轉)'과 '결(決)'이 한 행에 압축됨으로써 4행의 경우보다도 더욱 극적 효과와 시의 긴장감을 높여주고 있다.

이와 같이 諷詩調는 시조와 일맥상통하면서도 예술적 감흥을 겨냥하는 데에서는 시조(時調)와 사뭇 다르다. 곧 시조의 시의 뜻을 한자로 때시 '時'에서 글시 '詩'로 바꿔놓은 데서 그 겨냥하는 바를 짐작할 수 있다. 시조(時調)가 그 주제를 시대적 풍습에 맞추려는데 두고 있다면, 諷詩調에서는 시류(時流)를 넘어서는 작품으로서의 시적(詩的) 가치를 높이려는 의도가 숨어 있으며, 이런 점에서 '諷詩調'는 이른바 순수시(純粹詩)와도 그 방향을 같이 하게 된다.

'시조(詩調)', 곧 시의 흐름에 또 '풍(諷)' 자가 결합되어 있으니, 이것은 또 어떤 의도를 품고 있는 것일까. 여기에서 '풍(諷)'자는 박진환 시인이 시지의 '창간사'에서도 밝히고 있는 바와 같이 시에 넓은 의미의 풍자성(諷刺性)을 담으려는 의도와 다를 바가 없으니, 이 풍(諷)의 개념에는 시에서 전개할 수 있는 지적 작업 일반의 여러 항목이 두루 포함돼 있으며, 위트, 아이러니, 새타이어, 시니시즘(비꼬움) 등 표현상의 역설적 기법이 종횡으로 등장하게 된다.

그리고 이러한 풍자는 그것이 일종의 지적 응징의 구실을 하게 되는 것이며 이와 같은 응징의 숨은 의도는 바른 사회, 꼴불견인 시류적인 속물(俗物)들이 사라지는 사회, 양식이 통하는 밝은 사회의 출현을 바라보는 것이니, 깊은 뜻에서는 이 풍자의 정신이 곧 인도주의적 염원과도 일치한다는 점을 간과해서는 안 될 것이다.
'諷詩調의 보기로서, 박진환 시인이 전, 현직 대통령을 소재로 풍자한 시를 보려 한다.

> 노랗게 노랗게 노자로 시작해서
> 나리나리 개나리 리자로 끝나먼 무슨 나리게
> 개나리, 노노노 무식하긴 노나리지
> ―「개나리」

> 이명박 대통령 임기 끝나 퇴임하는 날이 2012년 12월 26일
> 이날에 맞춰 돌아가는 시계가 이명박 시계란다
> 시작이 엊그젠데 퇴임 날 꼽아가며 돌아가는 시계가 있다니
> ―「이명박 퇴임시계」

펀과 시니시즘과 새타이어가 2중 3중으로 얽히고 꼬인, 고도로 지적인 시적 작업임을 알 수 있다. 이보다 더 따끔한 응징적 일침이 또 있겠나.
계간지 『諷詩調』는 이제 막 창간되었기 때문도 있겠지만, 아직 동인지의 성격을 완전히 벗지 못한 느낌도 없지 않아

있다. 앞으로 이런 점도 차츰 보완이 되리라 믿어지며, 이 시지가 잘 성장하여 응분의 구실을 하게 될 것을 나는 축원의 시선으로 바라본다. 그렇다 하더라도 일관성 있는 '지성시'에의 헌신과 노고가 정당한 평가를 받게 되는 날이 우리 시사(詩史)에서 언제 찾아올 것인가.

■ 시집 평설을 대신해서_諷詩調에 대한 사계의 견해

諷詩調의 깃발과 風向
– 새로운 시 운동에 대하여

김용직(전 학술원 회원)

 극히 최근에 그 모습을 드러낸 諷詩調 운동에는 두 가지 정도의 전략이 내장되어 있는 듯 보인다. 그 하나가 독특한 형태양식 해석이며 다른 하나가 현실 상황을 향한 예각적 공격의식이다. 명백히 현대 서정시의 서부(西部)를 개척하려는 의욕으로 시도된 이 시운동은 그러나 그 형식을 3장 6구를 원형으로 한 단형시 제작을 바탕으로 하고 있다. 3장 6구의 단형시라면 우리 머리에는 곧 한국 전통시가 양식인 시조가 떠오른다. 시조는 국민문학파에 의한 개혁운동 이후 새로운 토대를 마련하게 되었다. 이때부터 시조는 고전시가의 인습적인 면을 벗어나 새 시대의 양식이 된 것이다. 諷詩調는 시조의 이런 틀을 이용하려는 듯 보인다.

 諷詩調는 그 의식성향으로 보아 상당히 공격적이며 호전적이기까지 하다. 그 도마 위에는 정치, 경제, 사회, 문화의 문제만이 아니라 개인의 윤리, 도덕적인 사건까지가 가차 없이 올라 난도질당한다. 그런데 많은 경우 諷詩調의 비판, 공격은 예술적 의장을 거치지 않은 가운데 이루어진다. 諷詩調에서 풍(諷)은 수사론에서 풍자를 뜻할 것이며 고전문학의 감각을 곁들이게 되면 풍간(諷諫)과 같은 맥락에서 해석될 말이다. 풍자와 풍간에 역겨운 현실, 아니꼬운 대상을 꼬집고 공격하는 단면이 내포되어 있는 것은 사실이다. 그러나 그런 경우의 비판, 공격은 진술의 형태로 이루어지는 것이 아니라 비유의 형태를 취하는 것이 바람직하다.

풍자문학에서 직접적 언술(言述)이 아니라 간접적인 기법이 이용되는 까닭은 단순하다. 많은 경우 시인이 아니꼽게 생각하는 대상은 한 시대와 사회에서 강한 힘을 가진 개인이거나 집단과 그 부수 형태인 제도나 규범들이다. 그들을 진술의 차원에서 공격하는 경우 작품들은 즉각 압수, 폐기되고 그 제작들은 연행, 구속될 의험에 노출된다. 시와 예술이 노려야 할 것은 이런 자살 특공대식 자기표출이 아니다. 이런 감각이 생산해 낸 전략의 결과가 풍자로 해석되어야 하는 것이다.

諷詩調가 3장 형식을 취한 것에 대해서도 이와 거의 같은 이야기가 가능하다. 諷詩調가 3행시의 형태를 이용한 것은 3행시가 한국 전통 시가를 대표하는 것으로 판단된 결과일 것이다. 새로운 시가운동이 국민문학의 자리에 오른 양식의 특성을 이용하는 것은 슬기로운 일이다. 그러나 이 경우에도 우리는 창작활동에서 기본교의 하나를 기억하고 있어야 한다. 모든 창작활동에서 형태는 묵수될 것이 아니라 새롭게 해석, 개척되어 나가야 한다. 국민문학파의 전략가 가리키는 바와 같이 3장 6구의 시조가 갖는 큰 틀은 긍정적으로 계승될 수 있다. 그러나 그 틀 속에 새로운 시로서의 호흡과 맥박은 끊임없이 재창조되어야 한다.

우리는 모처럼 시도되는 諷詩調 운동이 한국 현대시의 높은 산맥이 되고 푸른 강줄기를 이루어나가기를 희망한다. 이런 소망이 다소간 비판적인 생각을 토로하게 된 셈이다.

■ 시집 평설을 대신해서_諷詩調에 대한 사계의 견해

박진환의 3행 '諷詩調'에 대하여

최원규(충남대 명예교수)

최근 지속적으로 왕성하게 발표해온 박진환의 삼행시초 '諷詩調야'갈로 괄목할만한 한국적 단형시다. 더구나 시대적 상황이 사회적으로 굵직한 이슈를 던져주었던 전변의 정치적 관심이 우리 모두를 끌어들이는 시기와 맞물렸기 때문이기도 하다. 이미 정권 교체에 따른 권력의 갈등에서 겪은 일이지만 대선과정에서 마지막까지 문제가 되었던 BBK 사건, FTA, 숭례문 복원, 대운하 찬반, 광우병 등으로 인한 촛불 시위 범람이 쓰나미처럼 휩쓸고 지나갔으며 아직도 그 여진이 계속되고 있다.

이렇기 불안한 계절에 시인은 이들의 갈등과 부조리를 외면하고 추상적인 언어를 기반으로 하는 사회적 연대감에서 벗어나 강 건너 불구경만이 순수의 미덕인가. 마땅히 지식인으로 가치판단이나 문화적 선악에 동참, 선도의 언어가 필요해진 것이 너무 당연하다. 하물며 시는 시인끼리 담을 쌓고 그 속에 안주해 있는 모습에서 벗어나 시민과 동참 동행하는 시민의식이 필요하다.

이미 우리 시의 역사 속에서도 한용운, 이육사, 윤동주 그들의 평가에서 볼 수 있듯이 그들의 시에서 우리의 의지와 나라를 걱정하는 애국시가 용솟음치기도 하였다. 그런 점에서 이 시대 박진환의 諷詩調야말로 우리 시단의 중요한 뇌관을 건드린 사건이라고 판단된다.

諷詩調는 삼행이라는 점에서 시조와 같으나 구조나 형태적 특질이 시조의 틀을 벗어났을 뿐만 아니라 어귀나 비유법의 방법을 시조와 달리한다. 한편 화제가 되고 있는 시대적 상황을 직접적인 논의와 평가를 요구하며, 아이러니, 패러독스, 유머로 수용한다. 요컨대 박진환의 '諷詩調'는 업투데이트한 시대적 사회시를 전제한다. 그러므로 그의 '諷詩調'는 작중 인물들의 선행이나 악행의 전제를 제시하며 마지막 행에 이르러서는 개선이나 선과 악의 가치판단의 동참을 요구한다.

박진환의 '諷詩調'는 악과 사의 교정을 위한 화해적 개선이라는 점에서 꼬집고, 비꼬고, 깎아내리고, 비아냥하고 비판, 고발, 폭로를 시의 바탕으로 삼되 마지막 의도는 '순수한 통징'을 감행함으로써 풍자시보다는 한 차원 높은 시적 장치를 갖추고 있다는 점에 주목한다.

박진환은 엄격하거나 거창한 테마를 희극적으로 처리하거나 재미와 멸시, 분노와 냉소의 태도를 환기시킴으로써 그것을 약화시키는 기법을 사용한다. '웃음을 무기로 사용하고 작품의 외부에 존재하는 과녁을 겨냥한다. 그 과녁은 개인적인 일일 수 있고, 어떤 계층이나 제도나 국가나 인류 전체에게까지 할 수 있다'라고 전제한다.

요컨대 화자가 단정하는 외견상 주장과 속으로 의도하고 있는 의미가 서로 다른 진술을 할 때 그 진술은 태도나 평가를 명백히 표현하지만 그것과 매우 다른 태도나 평가를 함축하고 있는 것을 포함하는 것이 아이러니의 기술이라고 보았을 때 박진환의 '순수한 통징'을 암시한다. 발음이 같고 흡사하지만 의미는 전혀 다른 같은 소리에 다른 의미를 갖는 말들은 때로 읽는 이에게 가치판단의 격정적인 한편으로 기울게 하기보다 그것을 유보하며 역지사지(易地思之)의 공평성을 유발시키고 화해성을 유도한다.

박진환은 시적인 재담(equivoque)도 있고 때로 언어유희(pun)도 있지만, 그것들은 읽는 이로 하여금 간담이 서늘해지는 경지까지 유발한다. 때로는 '삶 속의 죽음'이나 '쾌락의 고통', '사랑의 증오'들처럼 메타피지컬포에트(Metaphysical poets)들이 사용한 흔적에 영향되었다고 할 수 있으나 박진환의 경우 경고성의 환기에 더 치중함을 볼 수 있다.

마침내 풍(諷), 시(詩), 조(調) 각개의 문자 의미의 내부를 탐색할 때 모두 언(言) 말씀이 들어있다. 말씀[言]은 글[文]과 구별된다. 글은 논리와 절제를 요구하지만 말[言]은 흘러가는 물과 같이 지형이나 지세에 따라 형태가 변하며 응집한다. 그러므로 흐름의 방향은 같지만 물줄기는 즉흥적이며 당대의 상황에 따라 전변한다.

말씀[言]은 바람[風]과 절[寺]과 두루할 주(周)를 더하여 동서남북, 종횡무진, 당대를 섭렵한다. 그리하여 박진환의 '諷詩調'는 마침내 세상사의 이야깃거리의 중심부에서 주제할 수 있는 정세의 총화와 전환을 암시한다.

박진환의 諷詩調가 꼭 3행이어야 하는가의 문제에 대하여 신중히 생각해야 한다. 다만 어느 민족이고 그 민족의 정서적 흡인력에 의하여 자연 발생적으로 생겨난 정형적 틀이 있어 왔다. 가령 당시(唐詩)의 4언 또는 7언 절시나 영시의 4행시(quatrain), 이행연귀(couplet), 14행시(sonnet) 모두 각운 구조로 결합된 강약음보격의 시행으로 되어 단일시귀(stanja)의 서정시인데 우리의 고유 문학형태의 시형(시조)들이 3장 6귀의 원칙을 고수한 것은 민족적인 고유성과 기풍(Ethos)에 의한 것이라고 믿는다. 다만 박진환의 경우 꼭 우리의 시조를 의식한 3행시는 아니지만(사실 시조와는 그 정형시로 의미구조의 잣대에 맞지 않음) 정형시로서 규율에 맞는 것이 아닌 자유시로서의 의미를 더욱 확대한다.

외형상 3행시로 처리한 것은 압축과 긴장미의 효과를 살리며 음수율에서 체험할 수 없는 탄력을 보여준다.

그리하여 3행시는 우리에게 낯익고 우리 말의 생태적 관습의 순리에 수용된다. 또한 시의 자연스런 형태의 공감이 일반화되었기에 박진환 삼행시가 우리 시단의 충격파를 더해 간다고 생각된다. 그의 3행 諷詩調의 창출은 우리 시문학사의 새로운 원형을 배가시킨 원동력이 될 것이며, 한편 시적 표현 미학에서 잡다한 외래적 수용의 난맥상을 제압하는 데 주요한 길잡이가 될 것이다.

박진환의 3행 '諷詩調'는 시조(時調)와 동자이의어(同字異義語)로 우리에게 새로운 정형성의 모델을 제시한다. 그러므로 우리 현대시가 지닌 무모한 율격이나 시조 주제의 미숙성 또는 혼미성을 극복하는 데 따른 주제시로서 확실한 언덕이 형성된 셈이다.

■ 시집 평설을 대신해서_諷詩調에 대한 사계의 견해

풍시조 읽기

문효치(전 문협 이사장)

  박진환 시인의 諷詩調를 읽었다 풍시조(諷詩調)라는 낯선 이름에 대하여 저자는 풍자시를 줄여 풍시라 하고 거기에 무슨무슨 투나 태도의 뜻으로 조(爪調)를 붙였노라고 설명하고 있다. 그러니 諷詩調의 본질은 풍자시일 듯하다.
  우선 재미있다. 식상한 이미지들의 나열이나 아니면 거의 산문화 되어버린 요즘의 시들에 입맛을 잃었는데 이 諷詩調는 매우 신선한 재미를 느끼게 해 준다.
  세상은 부조리와 불합리와 부정 불의 등으로 가득 차 있다. 이러한 세태가 우리를 짜증나게 하고 화나게도 한다. 살맛을 잃게 한다. 정말 살맛을 잃게 하는 재미없는 제재를 박진환 시인은 재미있는 시로 만들고 있다.

  핵, 우리도 그간거있어 펑펑터지는 국제특허품 不字標 핵 있어
         불평등·불공평·부조리·부정부패·부동산 투기까지

건들면 독발하는 순 국산 不字標 핵 있다고, 까불고 있어
—「까불고 있어」전문

　불평등 불공평 부조리 부정부패 부동산 투기 등 우리사회에 만연한 부정적 요소들, 이것들은 가히 우리 사회를 파괴시킬 만한 위력을 가지고 있다. 정말 심각한 문제다. 이런 사항들을 '不字標핵'으로 둘러댄 그 재치가 재미있다. 그래서 이 시를 보면 일단 웃음이 난다, 진짜 핵을 '그깐거'라고 대수롭지 않은 존재로 봄으로써 '不字標 핵의 위험성을 한껏 고조시켜 놓았다. 내용은 매우 심각한 문제성을 가지고 있지만 표현된 말들은 우리를 재미있게 해 준다.
　'까불고 있어'라는 끝절은 상대방(진짜 핵을 가진 자)에게 눈을 흘기며 짐짓 어깨를 으쓱거리는 모습을 떠올리게 해 준다. 다소 장난기가 보이는 모습을 연상하면서 시인의 재치를 다시 한번 실감케 해 준다.
　이러한 부조리 불합리한 사태를 능란한 솜씨로 비조고 농락함으로써 독자들은 후련한 카타르시스를 느낀다. 내가 미처 하지 못한 앙갚음을 대신 갚아 주는 것 같기도 하고 어쩌면 내 심정을 잘 읽어주는 것 같기도 하다.
　이 책은 멸시 분노 증오의 정서를, 비꿈 냉소 조소 조롱 역설 등의 언사로 가득 채워 놓았다. 그러나 궁극으로는 교정·교훈의 의지가 숨겨져 있다.

　　뭐라구라우, 사람 낳고 돈 낳제 돈 낳고 사람 낳구구라우

> 허허 이 양반 순 구식이네
> 신식으론 돈 낳고 사람 낳제, 사람 낳고 돈 낳고가 아니여
> ―「뭐라구라우」전문

　돈 낳고 사람 낳은 것은 불변의 진리이다. 그러나 신식으로는 돈 낳고 사람 낳았다고 큰소리친다. 그러나 이것은 역설이다. 화자가 진짜로 하고 싶은 말은 이른바 구식인 '사람 낳고 돈 낳다'는 말이다. 이것이 뒤집힌 세상, 전도된 가치에 대해서 일갈하고 꼬집은 것이다. 그리고 그에 대한 반성과 교정을 꿈꾸고 있는 것이다.
　삼행으로 압축한 단아한 모습의 시형에도 주목하고 싶다. 말 그대로 촌철살인의 짧막한 말이 감동을 준다. 요즈음 장황한 수다를 늘어놓는 시들이 범람하면서 이렇게 간결한 시들이 그리워진다.

> 나라님 물러나면 낙향하여 통나무집 짓고 시나 쓰며 살겠단 말
> 아무래도 허사같다. 시는 말을 아끼고 줄이는 언어경영인 것을
> 저리 말이 헤퍼서야 어찌 말의 진수에 닿을 수 있을지
> ―「아무래도 허사 같다」전문

　듣기 좋은 수다로 대중들을 현혹하며 실천보다는 말을 앞세우는 정치인을 비꼬며 질타하고 있지만 한 편 짧막한 시론을 엿볼 수 있는 시다. 그렇다. 시는 '말을 아끼고 줄이는 언어경영'인 것이어서 '말이 헤퍼서'는 안 될 일이다.

삼행은 우리의 눈에 익숙하다. 어려서부터 시조를 읽고 배워왔기 때문이다. 물론 시조의 형식에 맞춰 음수율을 조절한 것은 아니지만 그 속에 기승전결의 구조를 가진 것들이 많은 것도 이해하기 쉬운 대목이다.

 지금이 바로 이러한 시들이 필요한 시대인 것 같다. 잡지마다 넘쳐나고 있는 산문조 요설이 시성(詩性)을 잠식하고 있고, 그리고 비꼬고 조롱하고 비난하고 질타해야 될 일들이 많은 세상일수록 그러한 세태를 지적하고 경계하며 교정하여야 하기 때문이다. 시가 궁극적으로는 인간을 위하고 옹호하는 것이라면 시가 이러한 일에도 적극 관심을 가져야 할 것으로 생각한다.

■ 시집 평설을 대신해서_諷詩調에 대한 사계의 견해

諷詩調에 나타난 형이상시의 수사법

최규철(시인·문학평론가)

들어가는 말

어느 사회학자는 '농경사회의 삶이 시간 잉여(時間剩餘)의 시대였다면 오늘날과 같은 정보화 사회는 시간 기근(饑饉)의 시대라'했다. 그것은 그 정도로 오늘의 시대가 시간에 쫓기며 살아가는 고속화 시대를 맞이하고 있다는 것이다. 따라서 이러한 고속화 사회에 사는 현대인들의 문학작품에 대한 선호도 역시 장편소설보다는 단편소설을, 장시보다는 단시를 더 선호하는 경향이 있다. 특히 시에 있어서 현대인들의 구미에 맞는 시는 짧으면서도 그 속에 다분한 내용을 함축함으로써 큰 감동을 주는 시라 하겠다. 이런 시대적 요구에 부응하는 시가 바로 박진환 시인이 착안하고 시운동을 전개하고 있는 諷詩調이다.

諷詩調의 기법은 형이상시의 레토릭(rhetoric)과 흡사한 면이 많다. 컨시트의 기발한 지적 놀라움, 서로 상반된 양극화의 결합과 그 조화, 역설과 반어(反語), 시의 순수한 통징을 통한 내적 울분의 해소와 사회 구조악(構造惡)의 개선 등이 바로 그것이다.

특히 3행시의 짧은 글 속에 함축된 내용과 그 여운을 담기 위해서는 압축적이고 생략적인 구문이 필요하다. 따라서 각 행의 전환 및 변전이 빠르게 전개되는 특색이 있다. 이것은 양극화의 긴장이 팽팽할수록 행과 행의 전환속도가 빠르고 생략과 압축의 미학이 더욱 살아난다.

필자는 그동안 지면을 통해서 3. 4회에 걸쳐 언급해온 諷詩調 시학에 대한 이론을 총괄하고 종합하여 주로 諷詩調의 형이상시적 유사성과 레토릭(rhetoric) 기법의 측면에서 접근해 보고자 한다.

1. 諷詩調의 순수한 통징

諷詩調는 일종의 풍자시의 성격을 띤 시라 하겠다. 풍자시의 사전적인 정의는 부정부패와 비리 현상과 모순 등을 다른 사물에 비유하여 폭로와 공격 일변도의 시를 말한다. 즉 풍자시라고 하는 한자가 풍자할 풍(諷) 찌를 자(刺)로 명시한 바와 같이 모든 죄악상을 어떤 사물로 빗대어 찔러 고통을 가하게 하는 일종의 보복성을 뜻하는 성격을 내포하고 있는 시가 대부분이다. 그러나 諷詩調에서 말하는 순수한 통징의 주된 목적은 諷詩調를 통해서 죄의 아픔을 느끼게 할 뿐만 아니라,

뉘우치고 돌이켜 새롭게 변화하게 하는 데 주력하는 시의 기능을 말한다. 다시 말하자면 죄의 부패성에 대해서 단순히 찌르고 고통을 가하게 하는 데 그치는 것이 아니라 메스를 가하고 수술을 함으로써 병을 낫게 하는 데 그 목적이 있음을 말한다.

그러나 여기서 주의 깊게 보아야 할 것은 수술을 가하되 고통을 없애게 하기 위해 마취제를 동시에 투여하는 방법을 취하고 있다는 사실이다. 즉 유머를 통해서 웃음을 주고 즐거움을 줌으로써 그 고언을 달게 받아들이고 소화시킬 수 있는 기능을 지녔다는 것이다. 諷詩調의 통징이야말로 우리의 뇌에서 일종의 모르핀이나 엔도르핀과 같은 호르몬을 분비하게 함으로써 무통수술을 하게 하고 오히려 미묘한 시적 희열을 주게 하는 절묘한 수술비법을 의미하고 있다. 諷詩調의 작가들은 이런 諷詩調의 순수한 통징의 특성을 숙지하고 이러한 순수한 통징의 기능을 살리는 데 노력해야 할 것이다. 諷詩調에서 이러한 순수한 통징이 살아있지 못한다면 그것은 諷詩調로서의 시적 역할을 다한 시라 볼 수가 없다. 諷詩調의 생명이 바로 여기에 있다 할 수 있기 때문이다.

참으로 諷詩調의 순수한 통징이야말로 오늘과 같은 종말론적인 징조를 토로하고 인류의 구원을 갈구하게 하는 시대적 사명의 성격을 띤 시라 하겠다. 현대사회는 갈수록 첨예한 양극화 조성으로 인한 양자구도의 대립상이 심화되고 있다. 오늘날 정치 경제 사회 문화 전반에 걸친 인류사회의 갈등과 분쟁이 바로 이런 극단적인 양극화 현상에서 오는 결과라 하겠다. 그렇다면 현대시가 어느 때까지 이를 외면하고 오히려 음풍농월(吟風弄月)단을 일삼아야 하겠는가. 시가 인생문제로 깊이 들어가서 이런 양극화 문제를 해소하고 하나로 융합하는 화해와 일치의 시학으로 발전해가야 할 것이 아닌가. 그러한 의미에서 諷詩調 운동의 필연성이 강조된다.

더욱이 환경오염으로 인한 생태계의 훼손과 대기오염으로 인한 오존층의 파괴 그리고 지구 온난화에서 발생하는 엘니뇨현상 등으로 인류의 생존 문제에 심각한 적신호가 켜있다. 이런 각박한 상황에서 탈출하기 위한 녹색시학 운동의 전면에 諷詩調가 자리하고 있음을 알 수 있다.

시인은 예언자적인 예리한 눈을 가지고 미래사회의 변화를 직시하면서 오늘의 잘못된 과오를 지적 감동을 통해서 깨닫게 하는 순수한 통경에 무한한 관심을 쏟아야 한다.

> 세상이 왜 이러나 유행병처럼 자살·자살·자살
> 마음 한 번 고쳐먹으면 살자·살자·살자가 되는데
> 뭐 그리 좋은 거라고 일편단심 자살이람
> ― 박진환의 「뭐 그리 좋은 거라고」

한국인의 자살률이 OECD 30개 회원국 가운데 1위를 기록하는 불명예를 안고 있다. 연예계의 인기 스타들과 대기업의 총수들이 잇따라 자살을 하고 심지어 전직 대통령까지도 스스로 목숨을 끊음으로써 사회적 충격이 크다.

박진환 시인의 諷詩調「뭐 그리 좋은 거라고」는 1행의 자살·자살·자살이라고 하는 부정적인 죽음의 개념과, 2행의 '살자·살자·살자'라고 하는 긍정적인 생명의 개념을 양극구도로 서로 거꾸로 뒤집어 대치해 놓음으로써 기발한 위트와 유머를 돋보이게 한다. 이러한 諷詩調의 기능이야말로 격한 자살충동을 완화시켜 줄 뿐 아니라 생에 대한 강력한 의욕까지도 유발하게 하는 시적 감동을 가능케 한다. 여기서 諷詩調의 풍자 속에 담고 있는 간절한 회심에의 바람이 '마음 한번 고쳐먹으면'이란 말로 표현되고 있다. 이것이 바로 諷詩調가 지닌 순수한 통징의 힘이다.

> 피를 빨아 먹는 모기 잡는데 의견이 분분하다
> 정치가 어떻고 법이 어떻고 대통령이 어떻고
> 입으로 모기 잡나? F킬라를 뿌려야지
> ― 박진환의 「입으로 모기 잡나」

이 시는 그 제목부터가 웃음을 터뜨리게 하는 유머가 있어 마음을 끈다. 이 시 속에 감추어 있는 암시성과 시사성(示唆性)이 모기와 F킬라라고 하는 기발한 메타포를 통해서 큰 감동을 준다. 정계와 법조계의 부패상을 바로잡는, 즉 '피를 빨아 먹는 모기를 잡는데'에는 입으로 하는 설왕설래(說往說來)로써는 근절될 수 없다는 것이다. 특히 수사법 중에서 변화법의 하나인 '입으로 모기잡나?'라고 하는 설의법으로써 F킬라라고 하는 정답을 독자에게 물어 찾아내게 하는 레토릭으로써 스스로 개혁의지를 촉발하게 하는 순수한 통징이 돋보인다. 찌르고 자르고 쪼개는 메스질이 가해짐에도 불구하고 뇌에서 분비되는 모르핀을 통해서 즐거운 마음으로 웃고 수긍이 가능케 하는 회심과 변혁의 비법이 있다.

2. 諷詩調가 갖는 컨시트의 특색

형이상시의 컨시트(奇想, conceit)는 형이상시의 특징 중에서 가장 중요한 특징의 하나라 할 수 있다. 외견상 전혀 유사성이 없거나 상반되고 양극화된 사물이나 상황들을 재치 있고 기발한 방법으로 결합하여 소위 사무엘 존슨(Samuel Johnson)이 언급한 '부조화의 조화'를 이루게 하는 비유적인 수사법을 말한다.

그러나 諷詩調에서 보여주는 컨시트의 특색은 형이상시에서 말하는 그것과는 사뭇 다른 양태의 컨시트를 볼 수 있다. 3행시 구문의 생략적인 특성 때문에 행과 행, 낱말과 낱말, 심지어는 문자와 문자로부터 서로 상반된 사물이나 개념의 명칭과 발음 등을 찾아내고 거기서 특별한 의미성을 유추하여 또 다른 의미를 창출해내는 언어유희적인 기발한 컨시트를 선보이고 있다. 이런 관점에서 볼 때 諷詩調의 컨시트는 단순히 두 가지 사물이나 개념을 교묘하게 결합하여 뜻밖의 유사성을 찾는 기존의 형이상시의 컨시트와는 다른 특성을 지니고 있다고 하겠다.

> 대통령 국정평가 잘했다가 44.2% , 못했다가 41.1%
> 막상막하, 정치란 게 그래
> 上 뒤집으면 下 되고, 下 뒤집으면 上 되거든
> ― 박진환의 「物神時代 · 216」

  국민이면 누구나 알게 모르게 다 정치에 젖어 살면서 나름대로의 정치철학, 내지 생활철학을 가지고 있다. 그래서 3행에서 '정치린게 그래'라 토로한다. 이런 지적 깨달음을 풍자적으로 소화시켜 표현하기란 그리 쉬운 일은 아니다. 이런 이유 때문에 민감한 사안을 받아들여 유머로 웃어넘길 수 있고, 감동 받아 깨달음을 갖게 하는 諷詩調의 기법에 주목할 수밖에 없다. 그래서 諷詩調가 지적이며 문화적인 통징을 가져오게 하는 첩경이라 여겨진다.

  이 시에서 놀라운 기지의 발산은 2~3행에 있다.'막상막하, 정치란게 그래 / 上 뒤집으면 下 되고, 下 뒤집으면 上 되거든'에서 '막상막하(莫上莫下)'의 上과 下의 문자를 세웠다 뒤집었다 하면서 요동치는 정치판의 불안정성을 꼬집는, 재기(才氣)가 번뜩이는 컨시트를 선보이고 있다. 여기서 다만 上·下라고 하는 양극성의 문자를 가지고 세웠다 뒤집었다 하면서 엉뚱하게 결합한 결론이 「정치란게 그래」로 귀결한다. 이렇게 諷詩調의 컨시트는 동떨어진 개념이나 이미지를 결합하는 데 그치는 것이 아니라, 서로 상반된 단순한 두 개의 문자로써 새로운 제3의 개념을 형성하게 한다. 이런 관점에서

諷詩調의 컨시트는 보다 다양하고 발전된 성격의 것이라 볼 수 있다.

> 박지성·박주영의 꼴은 오 코리아
> OECD국 중 환경평가 맨 꼴찌의 꼴은 어이쿠 코리아
> 둘 다 꼴은 꼴이다마는 뒤에 끝은 노꼴만도 못해서
> — 박진환의 「物神時代·191」

지금 지구촌은 환경오염으로 인해서 점차로 죽어가고 있는 실정인데 우리나라가 OECD국 중에서 환경평가 최하위라 한다. 이 시에서는 이런 실정을 풍자적으로 꼬집고 있는데, 1~2행에서는 축구의 '꼴인'과 환경평가의 '꼴찌'란 서로 유사성이 없는 언어들을 관련 지워 '오 코리아'와 '아이쿠 크리아'라는 서로 반대되는 개념의 언어로 대비시켰고, 3행에서는 꼴찌의 '꼴'을 '노꼴'이라는 상충·상반되는 개념과 연관시킴으로써 '둘다 꼴은 꼴이다마는 뒤엣 꼴은 노꼴만도 못해서'라는 순발력 있는 기지(wit)를 보여준다. 동시에 더 나가서는 축구의 '꼴'과 환경평가 꼴찌라는 '꼴'의 두 글자들을 교묘하게 결합한 諷詩調의 컨시트의 진수를 보여주고 있다.

3. 諷詩調의 양극화 기법

또 한 가지 諷詩調에서 가장 두드러지게 나타나는 특징 중의 하나가 양극화 현상이다. 그러기 때문에 諷詩調의 컨시트

는 동떨어지고 상반된 가장 먼 거리의 양극성을 폭력적으로 결합하는 과정이나 패러독스와 아이러니의 양면성에서 오는 강한 텐션이 諷詩調로 하여금 그만큼 응축된 의미의 비유가 되게 한다.

> 걸핏하면 여·야 율사들 발목잡느니, 발목잡히느니 해쌌는디
> 뿌리치고 혼자만 가려고 하니 그러지, 동행해봐, 왜 발목잡나
> 잡혀 부러지면 목발신세 못면해, 발목 거꾸로 해봐 목발이지
>   — 박진환의 「발목 거꾸로 하면 목발이지」의 전문

 분쟁과 불화의 결과가 발목이 목발로 바뀌는 기발한 발상, 곧 생명체를 비생명체로 둔갑시키는 대담한 컨시트의 수사법이 놀라움을 준다. 그 외에도 여·야 율사들, 발목잡느니 발목잡히느니, 발목과 목발 등의 양극화가 이 諷詩調 전면에서 팽팽한 긴장을 조성시켜주고 있다, 거기다가 본래 여·야가 대치하는 정치구도, 그것만으로도 양극의 역학관계를 유지하는 긴장상태인데 여기에 분쟁과 충돌이 생기면 발목이 목발이 되는 더욱더 팽팽한 긴장관계를 촉발한다. 그래서 이 諷詩調는 웃기면서도 여·야가 정치적 협력관계를 잘 유지해야만 나라가 산다는 통징적인 메시지도 담고 있는 시이다.

> 악법·약법, 청문회, FTA로 여·야 붙어도 한판 크게 붙겠다
> 탓하지 말 것이 싸워야 국회답지 잠잠하면 그게 더 두려워
> 마찬가지야, 아이들도 싸움질하면서 크지 않던가

— 박진환의 「아이들도 싸우면서 커」

 이 諷詩調는 빈번히 일어나는 국회의원들의 성숙하지 못한 의결과정에서의 난투극을 한 마디로 꼬집은 시이다. 아이들이 싸우면서 커가듯이 국회의원들도 싸우면서 커가야만 하는가 하는 시인의 통탄이 곁들어있는 시이다. 가장 성숙해야 할 국회의원들과 가장 성숙하지 못한 나이인 어린이들의 양극현상을 동류부류로 간주하여 이질성 속의 유사성을 찾는 시인의 기지가 번쩍인다. 여기에는 양극간의 이질성이 유사성으로 바뀌는 과정에서 서로 잡아당기는 강력한 텐션도 드러나 있다. 「싸워야 국회답지」에서는 국회가 싸움판이 되어서야 되겠는가 하는 아이러니의 성격을 띤 레토릭도 있고 국회가 변화되기를 촉구하고 갈망하는 통징도 들어있다.

4. 諷詩調의 구조와 그 전환속도

 형이상시에서와 마찬가지로 諷詩調에서도 생략된 구문을 씀으로써 의미의 탄력과 밀도를 더하게 하고, 또한 집약적 표현으로써 시의 단축을 꾀하는 기법을 강조한다. 그 결과 시 전개과정에서 그 전환 속도가 빨라지기 마련이다. 그래서 시의 구조가 3행시로 되어 있고 따라서 행의 길이가 짧으면 짧을수록 생략적 효과가 살아나서 함축성이 있는 시가 된다.

 諷詩調는 평시조(平時調)와 같은 초장 중장 종장의 3행 형식의 구조이면서도 3장 6구 12음보의 정형시에 매이지 않은 자유시요, 동시에 평시조보다 더 빠르고 생동감이 있는 기승전결(起承轉結)의 전개가 있다. 따라서 諷詩調의 함축성과 텐션을 살리기 위해서는 될 수 있는 대로 행의 자수(字數)를 줄이고 생략하는 것이 좋다.

> 침묵이 金이라고? 순 구식
> 요즘 세상에선 말 잘해야 출세해
> 신식으론 침묵은 禁이야
> — 박진환의「침묵은 禁이야」

1행의 金이 3행에서는 禁으로 바뀐다. 1행에서 침묵은 金이란 말은 구식이요, 3행에서는 침묵이 禁이란 말로 바뀐 것이 신식이라는 것이다. '요즘 세상에선 말 잘해야 출세해'라는 새로운 진리(?)를 발견하고 시대와 더불어 급속히 변하는 처세술의 격세지감을 실토한 시라 하겠다. 또 이 시 속에는 침묵이 금(金)이었던 옛 시대가 참이요 말을 잘해야 출세한다는 현 시대가 잘못된 것이라는 시사성(示唆性)이 들어 있다. 諷詩調가 그 짧은 시로써 현시대의 많은 모순과 부조리를 다 압축하여 표현할 수 있는 것은 오로지 3행시 속에 짧은 행으로 모든 것을 소화시킬 수 있는 수용성(受容性)과 빠른 전환기능을 지탱할 수 있는 메커니즘에서 온 것이다.

> 銅臭에 코피터진 놈이

> 銅醉로 게워내는 주정
> 뭘 쳐다봐, 너나 나나 다를 것이 없는데
> ― 박진환의 「物神時代 · 68」

 이 시는 銅臭와 銅醉를 병치하고 3행에서 '뭘 쳐다봐, 너나 나나 다를 것이 없는데'로 동류화((同類化))시킨 해학적인 기법이 눈을 끈다. 銅臭란 말의 뜻은 돈으로 출세를 하려고 하거나 모든 것을 해결해 보려고 하는 물신주의자들을 낮잡아 하는 말인데 오늘날은 술로써 출세를 하려고 하거나 모든 문제를 해결하려고 하는 銅醉도 많다는 것이다. 銅臭와 銅醉의 내용이 담고 있는 절묘한 조화가 압축되어 이 짧은 諷詩調 한 편을 창구로 하여 오늘의 모든 시대상을 한 눈으로 볼 수 있다.

 그러나 풍조시에서 행의 자수를 줄이고 표현의 생략적인 효과를 극대화하려는 경제적인 언어구사는 아무나 할 수 있는 것이 아니다. 허다한 諷詩調에서 발견할 수 있는 것은 행이 짧으면 그 표현과 의미성도 부실한 경우가 많다는 것이다. 따라서 諷詩調는 자수(字數)를 최소화하면서도 그 함축성을 최대화할 수 있는 기법이야말로 바로 諷詩調의 완성도를 높이는 첩경임을 알게 된다.

맺는 말

 이상과 같이 諷詩調에서 보이는 수사법상의 기법이 형이상시의 그것과 유사한 점이 많다는 것을 알 수 있다. 그러나 그 구조적인 측면에서 볼 때 형이상시보다는 시가 짧고 컨시트도 형이상시보다는 언어유희의 측면에서 독특하고 문자유희의 면에서도 독보적인 경지를 보이고 있는 시라는 것이다. 諷詩調의 대부분이 명확한 양극화 구조로 되어 있고 상반되고 동떨어진 개념이나 사물을 결합하여 부조화의 조화를 이루고 있다. 또한 3행시의 짧은 시로서 생략적이고 압축적인 기법을 통해서 고도의 밀도감을 조성하기 위해 언어와 언어, 행과 행을 교합하여 전개되는 전환속도가 유달리 빠른 것도 그 특징 중의 하나라 하겠다. 이런 시의 특징 때문에 앞으로 諷詩調가 우리나라 문학의 한 장르를 이루고 발전하여 보다 큰 문학성을 발휘하는 날을 기대하여 마지않는다.

조선문학사시인선 929

諷詩調詩集 · 438

도치통사초 · 8

2024년 9월 5일 인쇄
2024년 9월 15일 발행

지은이 / 박진환
발행인 / 박진환
펴낸곳 / 조선문학사
등록번호 / 1-2733
주소 / 03730 서울 서대문구 통일로 389(홍제동)
전화 / 02-730-2255
팩스 / 02-723-9373
E-mail / chosunmh2@daum.net

ISBN 979-11-6354-299-5

정가 10,000원

※ 인지는 저자와 합의 하에 생략
※ 잘못된 책은 서점에서 교환해 드립니다.